www.tredition.de

AF177088

Markus Lemke

Höfliche Pfützen

Gedichte 1989-2015

www.tredition.de

© 2016 Markus Lemke

Verlag: tredition GmbH

ISBN:
978-3-7345-1835-5 Hardcover
978-3-7345-1834-8 Paperback
978-3-7345-1836-2 e-Book

Printed in Germany

Bibliografische Information der Deutschen Nationalbibliothek: Die Deutsche Nationalbibliothek verzeichnet diese Publikation in der Deutschen Nationalbibliografie; detaillierte bibliografische Daten sind im Internet über http://dnb.d-nb.de abrufbar.

Meinen Vätern

und meinen Söhnen

Es kitzelt unterm Schorf (1989-1992)

Nenne dich (für Ulla)

Nenne dich,
dann wirst du erkannt!
Rufe „Hier" bei
all deinen Namen!

Nenne dich „Baum",
wenn du
Samen gefunden hast
und ihn pflegst.

Nenne dich „Fels",
wenn du
Grund fühlst und
das Schwere dir leicht fällt.

Nenne dich „Meer",
wenn das Land endet
und die weißen Flecken beginnen
auf deiner Landkarte.

Nenne dich „Kind",
wenn zwei deiner Eltern
die Schultüte packen
für dich.

Abc-Schütze
Mensch:
Nenne dich!
Nimm dich

beim Wort.

Versuch, in einen Spiegel zu schauen

(Eckstein, Eckstein,)
Schrankenwärter
an einem Nebengleis.

(alles muss versteckt sein!)
Straßenfeger
in Sackgassen.

(Hinter mir, vor mir,)
Rechtsanwalt
von Gartenzwergen.

(unter mir, über mir,)
Maurer und Fliesenleger
in Schneckenhäusern.

(neben mir, bei mir,)
Bist du's, bist du's nicht?

(zwischen mir,)
Nicht nur, sondern auch.

(in mir)
Teilweise ganz.

(gilt es.)
Ich komme!

Biographie

Tier,
verspielt
und wendig,
und neu
im Paradies.

Kind
und lachend,
gern verborgen,
liebend -
wie es hieß.

Faxenmacher,
fratzenschneidend,
schielend,
singend,
weinend.

Trauriger,
Vernünftiger,
und schleppend
sein Gewicht.

Ausgeruhtes
Eichhorn.
Es kitzelt
unterm Schorf

Leben Innen

Leben Innen:
lachen, weinen
innen. Hass-
liebe zu Innen.

Fluchtburg Innen.
Konserve Er-
innerung im
Garten Zeitlos.

Kostbares Heim-
lich: Innen.
Innen ist sicher,
außen schwankt.

Gefängnis Innen.
Hilflos behütet.
Berührungslos,
echolos,
spiegellos da.
Ersticken an
Innen.

Grenzgehen: Rettung.
Aus-gehen -
Heim-kommen.
Gasförmig, flüssig, fest.
Atem: ein, aus.

Außen wird Innen.
Innen
eratmete
Zeit.

"Sprache, spitz und
verwundend" (H. Domin)

Sprache mit
Widerhaken,
Betäubungsgift.
Sprache ohne ‚Sinn'
und unverkäuflich.

Worte, scharf
wie Messer -
winzige Messer,
die Leben retten
wie eine Operation.

Wortpfeil, unterwegs
ins Schwarze.
Suchend und findend
sein Ohr. Kraft.
Magnetismus.

Schmerzendes Hören:
Mit anderem Sinn
aus Taubheit erwacht.
Hoffen und leben
in der letzten,
wahren Sprache.

Morgens

Die Krücke an der Wand,
der Schleier gehoben.
Im Auge
sammelt sich Licht.

Bilder der Nacht:
das Krebsgeschwür Stummheit,
das verjagte Gespenst.
Am Boden noch
die schwarze Kutte,
leer, das Zeichen vom Leihhaus
auf schlechtem, zerrissenem Stoff.

Stille, gespannt und erwartend.
Geruch feuchter Erde.
Plötzlich die ersten Worte:
‚Vater‘ und ‚Ohr‘,
unvergessen, aufgespannt
zwischen Atem und Herzschlag.

Sechs ‚Vater'-Gedichte

Grab

Verwittert,
überwuchert
die Schrift.

Eine Hälfte
eingefallen.
Ungepflegt -
mit Recht.

Asche zu Asche.

Zuneigung,
wie im Leben -
verpasst
auch jetzt.

Doch,
was die Schale
nicht schaffte,
vielleicht

gelingt es
dem Kern.

Einladung

Tritt ein -
du bist doch
gestorben für mich!
Bei mir
ist es warm und hell.

Schäme dich nicht
für den Leichengeruch!
Schau her,
ich öffne das Fenster!

Du bist nicht schön,
ich weiß es.
Doch hab' keine Angst -
ich blinzle nicht!

Zögernd stehst du
vor der Tür. Jetzt
lass uns mutig sein!
Tritt ein,
sprich lauter -
ich höre dich schon

Vater

Komm',
setz dich zu mir
und erzähle!
Sag' mir,
was das ist: *Vater.*
Ich will dir zuhören, auch
wenn du wenig zu sagen hast.

Und wenn du nichts weißt?
Dann schweige und
zeig' mir,
was das ist: *Vater.*
Ich will dir zusehen,
lass' es mich lernen!

Und wenn du's nicht kannst?
Sitzen, schweigen, schauen
wie ein Vater?
Dann lass' uns gehen
und suchen,
was das ist: *Vater.*

Wortaugen

Ich schreibe mich
an dich heran,
blind, nur
mit Wortaugen,

taste im Gestrüpp
meiner Erinnerung,
mache Geräusche davor,
in der Hoffnung,
du sitzt drin,

fliege und tauche,
auf der Suche
nach deinem Element,

sammle Bilder über dich,
schüttel' sie im Reagenzglas
und erforsche das Destillat,

krieg' die Augen nicht zu,
die doch nichts erkennen;

in der Hand
die Weihnachtskarte -
„...*und bleib' so nett*
wie immer, auch
im neuen Jahr."

An der Schweigemauer

Du hast deine Trauer verbannt,
und deine Sehnsucht verjagt
hinter die Mauer.
Doch die Freude
steht davor
und will zu dir.

Es ist schwer:
Glück schmeckt
nach Zerbrechen,
Zerbrechen nach Glück.
Doch so ist das.

Verborgen im Schmerz
ist das Wunder -
und mit ihm
erstarrt.

Alles Verschwiegene
ist tot,
doch bereit
aufzuerstehen.

Sieh es ein
im Anblick der Mauer,
einzig wert,
zerbrochen zu sein.

ABC zu zweit

Schau hin und sprich:
dies ist ein Buch;
dies ist ein Blatt.
Der Tag ist schön
und mir geht es gut.

Komm, wir besiegen
die Stummheit!
Gemeinsam gehen wir
ins erste Schuljahr.
Die Lehrerin ist blond
und spricht gewichtige Dinge.

Hier:
das Wort ‚Herz‘.
Dort: ‚Glück‘.
Die Worte ‚hassen
und lieben‘.
Wir lernen -
sie macht es uns vor -
die Sprache der Hände,
der Augen, des Munds.

Und warte: Bald
kommt die Lektion,
wo das Innre sich raustraut
(denn wir lernen nicht nur
das Wort ‚Mut‘, sondern auch,
was das ist,)
vor Jubel und Zorn.

Dann sieht man uns zwei:
einer ein tanzender Feuerball,
einer ein speiender Vulkan.

Antwort

Fünkchen Leben
in der Hand.

Bewegt sich.
Kann wegspringen.

Antwortet nicht
meinem Fragen.

Antwort 2

Dein Herz, dein
reines Herz
ist zerbrochen.

Wer sagt es?
Wer lebt?

Dein Spiegel
ist zerbrochen.

Wer atmet?
Wer geht?

Scherben,
Steine,

Schritt.

Raum

Schweige-
raum,

ge-
spannt,

als wäre
eine Stille,

in die, was
fehlt,

kommen
dürfte

auf dem
Atem-
geräusch.

Sprung

Bis an den Rand.
Nicht mehr zurück.

Vielleicht

wachsen
mir Flügel

im Sprung.

Gedichte: eingeschmissene Fensterscheiben

(1992-1994)

Gedichte sind gemalte Fensterscheiben (Goethe)

Fenster auf!
(Der Laden klemmt.)
Hinausschauen!
Mit einem Auge
durch einen Spalt:
Autos, Gestank,
Straßenbahnlärm.
Der Mann mit den Plastiktüten
starrt auf den Boden
und trinkt - Kollege
aller verkrüppelten Tauben
auf dem Marktplatz.

Fenster zu!
Ich weiß nicht,
was soll es bedeut.
Der Mond ist aufgeg.
Wer reitet so?
Wer reitet so spät
durch Nacht und Wind?
Die Heinzelmännchen von Köln!
Herr von Ribbeck auf Ribbeck.
Herr von Ribbeck auf Ribbeck
ist in Pension gegangen
und kann die Miete nicht zahlen.
Fehlender Absatzmarkt
für Birnen
im Havelland.

Fenster auf!
Jetzt lauter reden!
(Achtung, do not lean out!)
Was, Sie lesen noch...
Gä?

Dich?
Tä?

Gedichte.
Gedichte,
eingeschmissene Fensterscheiben.

Goethes Gartenhaus

Warten.
Er-warten -
gespannt.
Spannendes
Warten.
Advent?

Offene Blüte
Nichtstun.
Nichts tun
als sehen und
ab- und zu-
warten.

Schweigend
hören:
Es wächst!

Gewächs-
haus
aus
Warten.

Garten.
Goethes
Gartenhaus.

In einer Raritätenkammer
aus der Renaissance

„Der Amerikaner, der den
Kolumbus zuerst entdeckte,
machte eine böse Entdeckung."
(Lichtenberg)

Die unberührten Strände
der Südsee erleben
im Feriendorf Terramar.

Der vergoldete Schlangenkopf.
Der Globus aus Elfenbein.
Maria mit dem Kind
in einer Bohne.

Der Reiseschriftsteller
faxt direkt ins Verlagshaus:
Ich betrat
die verbotene Stadt.

Die Tiefseemuschel.
Der Schrumpfkopf.
Das Skelett
der Wüstenspringmaus.

Ein Bergsteiger spricht:
Ich war auf allen Gipfeln
dieser Erde – und vergleicht
den Kilimanjaro
mit dem Matterhorn.

Der Haifischzahn.
Die Miniaturbibel.
Der Riesenschmetterling.

Fünfhundert Jahre nach
der Entdeckung Amerikas:
Das Geschlecht der Eroberer
stirbt an Geheimnislosigkeit.

Kein Forscher entdeckte
den Virus.
Rätselhafter Tod.

Vier Portrait-Gedichte

Susanna

Du springst
aus der Schale.
Du erkennst
dich kaum.
Wer
ist die Frau
mit der Geige?

Neue Haut -
ersungen.
Zur Welt kommt
deine Stimme
und redet
mit ihrer Leiche.

Blühende Augen
des Lazarus.
Wer weiß denn,
wer er ist?

Vielleicht
wirst du
morgen
schon

geboren.

Michael

Embryo ist alt
und applaudiert sich selbst -
mit blassen Händchen,
in dünnem, hellem Ton.

Embryo lächelt,
schillert und glänzt -
ein Prisma, da
bricht sich die Welt.

Embryo quält sich,
träumt von Geburt -
davon, wie es wäre: zu sein.
Doch will er nicht sein;
nur träumen, nur schillern.

Embryo fürchtet sich,
Knochen zu haben.
Knochen tun weh.
Wie rollt man sich ein
mit Knochen?

Embryo weint.
Der Mund verzerrt sich
und ruft -
kaum hörbar,
mit dünnem, hellem Ton.

Franz

In den Himmel
unter die Erde,
zitternd, die
Krallen im Lehm,
augenlos atmend
unter den
Stiefelspitzen:
die Mikrobe, das
stimmlose Herz.
Flucht zum
Mittelpunkt der Welt:
Blicke töten
das Riesenatom.
Großer Gott,
verbrenn' mich!

Schi Guang

Eine Höhle:
was klingt.

Hammer.
Amboss.
Steigbügel.

Lauschen auf das Rauschen
im Wort lauschen.

Flüstern im Feuer.
Regengeräusch.
Töne: Metall und Stein.

Alle geheimen Ergänzungen,
verborgen im Schatten des Bergs,
gemalt auf dem Rücken des Blatts.

Afrikanisches Wünschen

Häuptlinge, so friedlich
wie Flusspferde.

Beamte, so flink
wie Wildschweinkinder.

Soldaten, so still
wie Elefanten.

Geheimpolizisten, so intelligent
wie Wasserbüffel.

Aidsbekämpfung, so unbarmherzig
wie Stechmücken.

Gesundheitsfürsorge, so gründlich
wie Geier und Hyäne.

Sozialhilfebudgets, so riesig
wie Termitenhügel.

Wachen unter
geflochtenen Regenbögen.

Schlafen im
gotischen Schneckenhaus.

Deklination Afrika

die Blätter
der Lehm
der Ast auf dem Weg

das Rascheln
die Kinder
der Staub

die Rufe
das Lachen
die Luft

der Kriegskrüppel
die Wolke
das Tier

die Hütte
die Frauen
die Zisterne

der Rauch
der Soldat
das Ölfass

Mit meiner Pfeife
aus Tansania

Nilpferdvisionen.
Geier hacken Fleisch.
Kein Regen in sieben Tagen.

Wasserbüffel,
frisch gescheitelt
wie Frau Antje aus Holland.

Zebras, akkurat bemalt.
Zwerge und Feen
im Marabuland.

Jambo, Fremder!
Wolken
lösen sich auf.

Lofoten

Glocke in Schaukeln,
in Wassergeruch.

Geschrei,
lebend, zerzaust.

Zweifel,
weites Land.

Stille, die
ihm angehört.

Gegenwart:
ein Tier.

KA-YX, KA-EU, KA-EU! (1990-1992)

Jam-Session in Øles
Literaturwerkstatt

(Bühne eines winzigen Jazzkellers; Partygeräusche;
an den Wänden Plakate mit der Aufschrift: „Come on,
it's JAZZ!", beginnendes Schlagzeugsolo,
dazwischen Øles Stimme)

„Damen und Herren, liebe Freunde!
Ich begrüße die Teilnehmer unserer
heutigen Jam-Session:

An den Substantiven -
mit unnachahmlichem Stilblütenostinato,
der Fels in der Brandung:
Petrus Petroleum.

An den Verben -
frisch vom Dilettantenball
zu uns gekommen:
Toni Tuwort.

An den Adjektiven
doppelter Sitzenbleiber an der
New Yorker Creative Writing School:
Willi Wiewort.

An den Adverbien -
die bekannte Vollblut-
mystikerin:
Fanny Füllsel.

Am Satzbau:
die beiden Hesse-Schüler
Fritz Floskel und
Andi Altvater.

Am Reimlexikon -
der begnadetste Pubertäts-
lyriker seiner Generation:
Heini Das-trifft-mich-echt-du.

Und nicht zuletzt - im Lektorat,
mit bürgerlichem Namen
Rosalinde Dulcinea von Gruft -:
unsere geliebte
PROSA ROSA!"

Geburtsanzeigen von
glücklichen Momenten

Nach Beinahezusammenstoß
unserer Fahrräder
geben wir erfreut die Geburt
unseres gemeinsamen Lächelns
bekannt. Die Beteiligten

Um 19 Uhr 33 erblickte
das Licht der Welt:
unser erster Kuss!
Heidi und Klaus

Ein Sonntagskind
am Donnerstag:
der Sprung über
meinen eigenen Schatten!
Ich bin sehr glücklich
jetzt. Günther

Wenn es nichts
zu sagen gibt, ist
das Glück unaussprechbar!
5. März, frühmorgens:
unser Schweigen danach.
Uwe und Bernd

Selten haben wir
einen Augenblick tiefer
erlebt! Er ist geboren:
Sonnenuntergang
über dem Fluss,
Schwäne im Abendrot.
Die zwei von der Brücke:
Erich und Martha

Tote Zeit

Nach schwerem Leiden
nahm Gott heim zu sich:
einen halben Tag im Stau
auf dem Kamener Kreuz.
Friede seiner Asche!

In treuem Gedenken:
22 Minuten im defekten Aufzug
der Zentralbank Travemünde.
Die Angehörigen

7 Uhr 23 bis 8 Uhr 04:
verdöst am Frühstückstisch.
Die Trauerfeier fand
in äußerster Eile statt.

Unter aufrechtem
Mitgefühl entschlafen:
zwölf Minuten durch
Verspätung des ICE-Zuges.
Vor Beileidsbekundungen
bitten wir, auf die Uhr zu sehen.

Gestern verstarben:
92 Minuten vor dem Fernseher -
Der große Preis.
Der Herr sagt: Siehe,
ich mache alles neu!

Selig sind,
die da Leid tragen!
17 Jahre stumm nebeneinander
im Altersheim "Friedensstift".
Für immer unvergessen!

Gästeliste einer Veranstaltung im Hochadel

Weihbischof Herrmann von der Heilsburg
Axel von und zue Brieftasch und
das Geblüt Habsburg-Nimmsburg (Unternehmer)
Leberecht Pizzic, geb. von Abrieb (privat)
Frau Aufrecht zu Grabe mit Tochter (privat)
Ulf und Riekchen am Boden (verwaistes Geschwister-
paar, privat)
Sigismund von Rutengang (Geistheiler)
Luis von Wänden (Bergführer)
Gotthold Speichel von Leumund (Jurist)
Jadoch von Ebenso (Opportunistenverein, 1. Vors.)
Graf Willem van der Frevel (privat) mit Leibarzt
Dr. Billy Blackbox (Anästhesist)
Klaus zu Phobie (pens. Gefängnisdirektor, privat)
Fräulein Heidrun „Schäfchen" zu Limburg (privat)

Undurchsichtiges Finanzgebaren

Undurchsichtiges Finanzgebaren in
unberichtigten Bilanzverfahren.
Unheimlich wichtige Allianzkonklaven mit
unübersichtlichen Redundanzgefahren.

Unabsichtliches Eleganzeinsparen durch
unerbittliche Resonanzzunahmen in
unerheblichen Gesangseinlagen.
Unerquickliches Firlefanzertragen bei
unartistischen Brillianzfanfaren - trotz
unverwüstlicher Tanztartaren.

Unchristliches Dekadenzerfahren nach
unglücklichem Schwanzentsagen.
Unersichtliche Substanzabnahmen durch
unablässiges Kranzumarmen.

Unterbelichtete Empfangsscharen bei
unterschiedlichem Byzanzumfahren.
Unwichtige Übergangszaren mit
übergewichtigen Glanzstaren als
unbeschichtete Stanzwaren.

KA - FF KA - AH

(Ode an meine Studienstadt Karlsruhe, dortselbst auf
Parkplätzen entstanden im Herbst 1991)

1.
KA-AH KA-AH? PF-EZ PF-EZ!
KA-YX, KA-EU KA-EU!
KA-YR KA-UR KA-AH -
KA-HE, KA-RR KA-RR, KA-HE!

KA-CH KA-CH KA-SY KA-HA?
(KA-RF, KA-GL, KA-RF...)
KA-SS KA-SS KA-SS KA-SS
KA-SS KA-SS...

RA-DA PF-YZ - RA-DA PF-EZ,
KA-HR KA-HR KA-SS KA-PF:
KA-HU KA-HU KA-BB,
PF-RZ, PF-RZ, PF-RZ.

2.
KA-M KA-RL.
KA-UM KA-M KA-RL, KA-M KA-Y.
KA-UM KA-M KA-RL, KA-UM KA-Y, KA-M KA-LU.
KA-UM KA-M KA-RL, KA-UM KA-Y, KA-UM KA-
LU, KA-M KA-LA.
KA-UM KA-M KA-RL, KA-UM KA-Y, KA-UM KA-
LU, KA-UM KA-LA, KA-M GER-T.
(GER-T!)

KA-NN KA-RL, KA-Y, KA-LU, KA-LA KA-UN?
KA-UM!
KA-NN GER-T KA-UN?
GER-T KA-NN KA-UN!

GER-T KA-UT:

GER-T KA-UT KA-MM,
GER-T KA-UT KA-LB,
GER-T KA-UT KA-AS,
GER-T KA-UT KA-BL.
GER-T KA-UT - KA-RL!
KA-RL: „PF-EZ, PF-EZ! KA-EU GER-T, KA-EU!"
GER-T (KA-UT): „KA-CH KA-CH!
GER-T KA-JN KA-EU!"
KA-RL: „KA-EU GER-T, KA-EU!!!"
GER-T (KA-UT): „KA-NN KA-RL KA-EU?"
KA-RL: „KA-RL KA-NN KA-JN KA-EU!"
GER-T: „KA-NN KA-RL KA-JN KA-EU,
KA-UT GER-T KA-RL!"
GER-T KA-UT KA-RL.
KA-RL: „GER-T, KA-U KA -LB, KA-U KA-TZ,
KA-U KA-AS! KA-U KA-JN KA-RL!!!"
GER-T KA-UT KA-RL!

GER-T KA-UT, GER-T KA-UT!
KA-UM KA-UT GER-T KA-RL, KA-UT GER-T KA-Y,
KA-UT GER-T KA-LU, KA-UT GER-T KA-LA.
GER-T KA-UT, GER-T KA-UT...

GER-T: „KA -YX, KA-YX!...KA-PF...
KA-EH...KA-UH...KA-UR!...KA-UR!!!"
KA-UM KA-UT GER-T KA-RL, KA-Y, KA-LU,
KA-LA, KA-M KA-UR.
GER-T: „KA-AH!...KA-AH!...(PF-FT!)..."
PF-RZ...PF-RZ...

GER-T KA-KT.

3·
KA-TV, KA-PC,
KA-VW, KA-HB!
KA-WC, KA-BH...
(KA-WG, KA-SC).

KA-WM! KA-FC!
KA-LP, KA-PS.
KA-TB, KA-KB,
KA-VT, KA-TS!

KA-PH, KA-CD!
KA-PR, KA-MG!
KA-ZB: KA-PD?
KA-ZK, KA-GB!

4.
KA-Y KA-NN KA-NU.
KA-Y: „KA-HU, KA-HU! KA-Y KA-NN KA-NU!"
KA-Y KA-NN KA-NU.

KA-P KA-M.
RA-DA, RA-DA!!!
KA-Y: „PF-EZ PF-EZ, KA-NU!
KA-UM KA-M KA-P, KA-NU KA-CH KA-CH!"
KA-Y KA-NN KA-JN KA-NU -
KA-NU KA-CH KA-CH!

KA-M HA-Y.
HA-Y: „KA-HR, KA-HR!"
KA-Y: „KA-HR, KA-HR?"
HA-Y: „KA-HR, KA-HR!!!"
KA-Y: „KA-HR, KA-HR???...HA-Y!!!...
HA-Y KA-HR, KA-HR!!!"
HA-Y: „KA-HR, KA-HR...
KA-HR, KA-HR, KA-HR...KA-PF!!!"

KA-Y KA-NN KA-JN KA-NU...
HA-Y KA-NN KA-HR!

5.
KA-AH KA-NA KA-BA?
KA-BA KA-NA KA-HA.

KA-HA KA-YS KA-FA -
KA-FA KA-AH KA-TA!

KA-LY KA-SY KA-YX -
KA-BU KA-SA KA-AX.
KA-CH KA-Y KA-LY KA-PY,
KA-LA KA-LU KA-TY.

KA-CZ KA-SX KA-ZP,
KA-TP KA-TF KA-CX.
KA-TD KA-SP KA-PZ -
KA-XZ KA-ZS KA-XC!

6.
KA-M KA-LA.
KA-LA: „KA-BB KA-BB! KA-LA KA-HL,
KA-LA KA-RG - KA-LA KA-NZ KA-UH!"
KA-M KA-LU.
KA-LU: „KA-RR KA-RR! KA-LU KA-UM KA-HL,
KA-UM KA-RG - KA-LU KA-NZ KA-LT!
KA-RR KA-RR..."

KA-LA KA-RT KA-LU KA-NE KA-RU KA-FE.
KA-LU: „KA-HE KA-HE! - KA-RU KA-FE!"
KA-RU KA-FE KA-LT!
KA-LU: „KA-RR KA-RR! KA-JN KA-RU KA-FE -
KA-RU KA-FE KA-LT!"
KA-LA KA-RT KA-LU KA-BA.
KA-LU: „KA-HA KA-HA! - KA-BA!"
KA-BA KA-LT!
KA-LU: „KA-RR KA-RR! KA-JN KA-BA-
KA-BA KA-LT!"
KA-LA: „KA-LU KA-JN KA-LT KA-RU KA-FE,
KA-JN KA-LT KA-BA?"
KA -LU: „KA-JN, KA-JN, KA-JN!!!"
KA-LA: „KA-SS KA-SS KA-SS KA-SS..."

KA-LA KA-UM KA-LT.

KA-LA KA-HL, KA-LA KA-RG!

KA-LA: „KA-RF KA-RF, KA-LA KA-NZ KA-HL!"

KA-LU KA-RT KA-LA KA-MM.

KA-LA: „KA-LU KA-NN KA-LA

KA-JN KA-MM KA-RN -

KA-LA KA-NZ KA-HL!"

KA-LU: „KA-LA KA-JN KA-MM?"

KA-LA: „KA-JN, KA-JN, KA-JN!!!"

KA-SS KA-SS KA-SS:

KA-LA KA-NN KA-JN KA-MM,

KA-LU KA-NN KA-JN KA-RU KA-FE.

KA-LA, KA-LU KA-NZ KA-UH!!!

7.

KA-UZ KA-UT KA-LK.

KA-M KA-HH KA-DU.

KA-HH KA-DU KA-UT KA-UZ!

KA-M KA-TZ.

KA-TZ KA-UT KA-HH KA-DU!

KA-M KA-LB.

KA-LB KA-UT KA-TZ!

KA-M KA-RL.

KA-RL KA-UT KA-LB!

KA-M KA-HN.

KA-HN KA-UT KA-RL!

KA-M GER-T.

GER-T KA-UT KA-HN!

KA-M KA-FF KA-AH.

KA-FF KA-AH KA-UT GER-T!

KA-FF KA-AH?

KA-M KA-FF KA-HH.

KA-FF KA-HH KA-UT KA-FF KA-AH!

Ritter Ernst

Am Anfang
war der Ernst.

Und der Ernst
war bei Gott.

Dann
ritt er fott.

ikarus brettert vorbei (1993-1996)

„Aus dem Leben kann man
verhältnismäßig leicht so viele
Bücher herausheben, doch aus Büchern
so wenig, ganz wenig Leben."
(Franz Kafka)

heute nicht in
die lesung sondern zum
bauchtanz hier an
alphabeten erbeten fatmas
vollendete ferse diese
gesprächigen hüften frau
dein busen
ist ein
gedicht

jetzt damen
wahl jedes
wort ein tanz
schritt in musik ist
viel lohn und viel
duft atem geholt und
hinein gewaltig die un
ermessene weite in un
gelüfteten räumen

berlin zoologischer garten

stau
bi
ger
schuh
ge
bet
bet
rach
ten mit
offenen augen
bitte ach
ten sie auf
ihr handge
päck

die menschen im zoo
wenn sie die namen der
tiere sagen glauben sie
sie zu kennen

frost
rost
ost

afrika
nisches spitz
maulnashorn brei
tung die
verbrei
tung der kamel
artigen auf gleis
drei hat ein
fahrt das dromedar das
höckerdromedar wieder
käuer das chamäl

eon im streich
elgehege

unsinn
unserm
unser

uns
er vogel
haus wird
noch schöner aus
gang alle tiere
haben heute aus
gang der pfeif
reiher die krak
ente der wald
rapp der klau der
blaurabe ist ei
ne spende von frau p der
pfau hat aus
gang und
alle groß
fußhühner

putz
ig die drei
jungen nasen
bären die
hyänen trotz
der hohen welp
ensterblichkeit die
hyänenhunde die
possierlichen kleinen kerlchen
während der auf
zucht ist der rü
de sehr aggressiv

wir erfinden
tiere plump
lori und schrank
und schlank
lori schopf
mangabe weiß
schwanzguereza
vertraute laute wenn
man nicht sprechen
kann thü
ringische rost
bratwurst die bu
llette der bu
llet vorsich
t der elefant
enbulle wirft
mit sand

der gorilla im käf
ig der traur
igste blick der
welt nicht alle
tiere merken dass
sie ei
n gespenst dass
sie ei
ngesperrt sind dies
er mensch wurde
gestiftet von mö
bel schröder von all
en lebewesen ist der
mensch dem aff
en am nächst
en licht
enberg

Darn that dream
(Hommage an Thelonious Monk)

Spinne in der Ecke,
on a summer's day,
grunz elefantenhaft:
der Doktor.

Schrankohren eingehämmert.
Taste bei Taste,
Schwarzweißgesocks.
Alter Sack mit Hut,
die Halde Monk.

Blümchentapete,
Trompetergesicht.
Klang Raketen,
Ruder auf crash.
Zwirbel, abgeschmiert
auf D minor seven.

Traum auf Traum,
schling Pflanze Bebop.
Pfütze erwidert, arglos
rostendes Heim.

rest-art gestaltung
sonntags 16-18 uhr

seele luft und
liebe mann
mit schöner stimme
der alles aufsagt

hin
ter
hof
rauch im
von zi
garillo

vom teufel ein rad
verfahren und hisst
die farne weiß
oder heiß oder
heißt ratschlag

geht um aus
sprache dir der
teufel gesagt schimmel
im himmel ikarus
brettert vorbei

dunse lesel
zerronnen und
liegt in luft denn
er sagts und ward
wie das
wieder was
das

katze krishna

ge
polstert
vom hun
d vom
rin
d

weil
er kaut
huhn
teil

macht
kleinschritt
den sprung

komm
her seither
seit er
flog
fiel
gefiel

**rede der katze
an den vorgarten**

sonne verkehrt
schon hin
versammelt
anlauf her
bei gebiet
voraus tier
flackern

boden auf
verkehr hinüber
herüber
schatten grün
in becher in
blumen
topf gehüllt

herrn t mit bedauern

wenn diese wen
dung doch ori
gineller wäre viel
leicht avantgar
stisch oder gar
distisch eine ei
gene sprache ei
nzigartig de
stilliert zu steuer
nd auf das zen
trum der zu
kunft aber da
raus wird nichts ich
kann nur gegen
wart

Militärische Option

Sprach, Kanonen,
Rohr, der Spatz,
rasendwütend Tier.

Rechts genau um
die Welt aus Rede,
Gebrüll. Herrscher
Neinaberich.

Hülle, Hülse, wo er
rechtattatterecht,
sonnengewellt, hell.
Flieder, mein Knall, mein
Blumengeschoss.

Ruhmreich gesiegt,
siegfriedlich an ge-
schwellter Lust, Brust:
Papporden, Siegel,
Schleife, rotweiß, rein.

music minus one

nur eine platte
von denen zufällig
gekauft vorher kurz
reingehört gräitfull
däät

guter sound oder
gruuf heißt
auf deutsch oder
hört sich an als
hieße es gruuf

der blues verbrät die
minuten auch das georg
friedrich händel heißt der
mann georkvriddrichhähndl

neun deutsche arien be
kloppter titel rosen
seele wassertropfen
flötgeig und die frau
singt auch ganz beschwingt

kobnert 96

winzer winz
ich habs
gehabt

holdes spiel
verfärb dich
bald der wald

fallen
gefällt
urteil oder
baum

pfeilertag
orangenwort

gärtner
beißt
ins gras

Höfliche Pfützen (1994-2009)

Gardasee sehn

Auch in Arkadien, Trainingsleiter in Ameisen-
weitflug, Junge mit der Mundharmonika, Wasser
über seinen Füßen; wie hat sich der
Italiener an diesen Strand verirrt?

Dort: ein dicker Brocken, teutonisch,
da hätte man als Haifisch schon Lust.
Bambino, man spielt nicht mit Müll.
Fliegende Männchen, heißt Paraflying, hat man
das auch erlebt, die D-Mark unverschont.

Es kommt, es wird herbeigetragen:
Tigerhai Super, guter Name fürn Schlauchboot.
Dieser Campingplatz spricht international -
Duisburg, Neuss, die neuen Länder gut vertreten.

Griechische Grammatik der Nachbarin: so ein Stuss,
man sagt nicht: geh jetzt ins Wasser, sondern:
sei er nun ins Wasser gehend oder so. Spricht der
Tonnenphilosoph: geh er, sei es, so möge er gehen!
O, dass er ginge! Aus der Sonne. Danke, es geht.

Paliaskala

Stunde silberner Kiefernnadeln,
von innen zeitversetzt aufgebrochenen Gesichts,
alles, was ist, hierher mit Absicht gekommen,
entstanden gegen Absicht, gegenüber erfahren,
wo es sich spiegelt.

Schlaflos erzeugt und im Schlaf gesehen,
abgestoßen vom Boden, ausgeschieden bei Käfern,
Würmern, Kröten: Ein Gott wird gesprächig.
Träume, eh du lebst! scheint seine Aufforderung.

Ort, unbekannt aus Gesungenem,
summend, in kriechender Feuchtigkeit: Noten,
der Liebe Verknotigung. Waagrecht beobachtet:
Katzen, alles, was ausbrechen kann.

Two girls were alive in my life...
Refrain von gläubigen Müttern,
geschnitzte Kästen und was man hineintut.
Traumtourismus, Gegenwart im Zukunftsrest.

Gesammelte Einkehr, Rost-Ikone des Anfangs
der kühn Schaffenden. Wirbel um Namen,
einer Bewegung folgend, nachhinkend,
ein Gesicht suchend, das schon da ist,
um es zu verlassen, um es anzusehen.

Mönchrödener Sommer
(für Norbert)

Die Fleischerei Streng
und die Pilsbar Las Vegas,
Katzen, Hund, ein Loch
in jedem Stein.

Durch die Wälder,
durch die Auen...
Hinter Klostermauern,
was blüht denn da?

Ein verschnitztes Lächeln
wie der Holzdamen ihr's,
schon seit vielen
hundert Jahren.

Landgedicht
(Mönchrödener Sommer 2)

Hier, verdienter-
maßen: Mond.

Feldrand,
Wind.

Forschen im Gesicht
eines Hundes.

Höfliche
Pfützen.

bräutigam

engel
bringt wein
französisch

im rachen
des
drachen

wörter
buch ethymo
logisch

stichwort
ich
will

nachruf

ein buddha
meine oma
mit ihrem
krebs

tanzbodenkrebs

ankunft der
kriegswitwe

leuchtend: sülze
kartoffeln

religiöse erfahrung

gemeinde um
einen spiegel
versammelt

erzengel

wirft
ein auge

priester
lächelt

wirft es
zurück

weihnacht (wo wir menschen sind)

papst zieht vom leder
heiliges schwert
karnevals-teefau ins
gemütliche heim schnee
gestöberumbraust

weihnachtsfoto: hoch
glanzseele erlösungs
bedürftig unversicherter
hausrat in herz und hirn

ergebnis jüngster
ausgrabung am original
schauplatz: nichts unter sechs
metern spekulatius wir

schließen den stall
aus mangel
an beweisen

liturgie zwotausend

ehre sei dem vater
und dem sohn
und auch erich fried

der antichrist kommt
mit einem großen tand
lastwagen und wackelt
mit den sündigen hüften

lasst uns gott proben
mit dem bekümmernis
unseres glaubens

amen amen
armen menschen
soll man helfen
halleluja

Botanisch

Fahrt, ungewiss, ob Mann Falsches
inhaliert, sich ernährt von Essensgift.
Hereinbricht, rüttelt, gezogen von Gewicht,
erhöht, antreibt Erinnerung.

Gesagt, dass es wiegt, in Sicherheit sich
wiegt und handzahm werden wird. Vorhaben
keine; gezügelt, gebügelt. Ehrlichsein: Ehrlich,
ich kann nicht anders - Worte beim Einkauf,
beim Atmen. Zügel und Flügel, hautnah,
Fragen verschlingend, vergessend.

Akt von Vergessen erzieht einen Clown,
der vergisst. Klauen verbunden im Feuer.
Die Perle, die Rede von Gott.

Befreundeter Herr: was es sei, kämpfend
gemacht, ein Himmel-Raum mit Wolken, Wind.
Kern der Rede von Pflanzen,
Speichern, lebenden Zisternen.

humboldt

entwurf der falt
enwurf nicht geschützt ge
sehen gesäht und satt zusammen
hang das freihandelsgut stroh
halm in der einöde so
genannten ersten welt

glühen vom a von humboldt
kobold vorbildmensch
kampf einer bibliothek gegen
einzeln frontal angreifend schrecklich
blutrünstig verschlagene ameise

facettenäugig 300 pupilleninsekt
gegen zweibrillengläsrig hoch
getrimmte humboldtaugäpfel

tier pflanze in
buch gequetscht
trockenmessen
wissenmacht macht
maßband zahl
lateinisch
leergeraubt
tot

„Du darfst um Gott nicht schreien,
der Brunnquell ist in dir;
stopfst du den Ausgang nicht,
er flösse für und für. " (Angelus Silesius)

zu erwähnen als arbeit von
quasi ausgebildetem psychiator
der mann der überflußmensch

herr im innern einher
geht nicht angeguckt
werden kann weil er ist im
auge das guckt

kanalarbeiter der
verbindlichste mensch re
konvaleszent in
komprimierter form der
erholung nicht entfernt von
jungbrunnenartigem
gefäße oder bassin

Nachtsalon
(Im Urwald steht ein Zirkuszelt)

Einer, der dreht,
um die Achse sich dreht,
einen Stab in der Hand,
in Gefahr, verlacht und
verkannt zu werden.

Grellrote Lippen, glitzerndes Kleid,
schon gesehen worden
vorhin, jemand hat
ihn betrachtet.

Mit Glauben an das
Gute im Mann. Manchmal
verliert er aber
den Glauben, und
ein Glaube ohne Mann
ist auch verloren.

Nun drehen alle und
steppen. Ein Rhythmus, manche
treffen ihn genau, aus
der Wildnis gekommen auf
die Bühnen der Stadt.

Niemand in der Wildnis
applaudiert, wenn einer
jongliert, die eigene schwarze
Seele hochwirft, nicht sicher,
dass er sie nicht verliert.

Stadtmenschen lieben das,
verstehen sie unter Haltung,
geben Applaus
auf ein Zeichen hin,

als ob sie sich kennen.

Geheime Kräfte, keine
Schwerkraft in diesem Zelt,
es ist ein
Wunder.

Ein Wunder ist schon ein
Kartentrick, den man
nicht versteht, oder so jemand
zersägt eine Dame, die so
schön war und wo es ein
Jammer war, dass sie öffentlich
getötet würde.

Doch sie lebt und lässt
Tauben auffliegen, als ob sie
immer mit Tauben um sich wirft
und zufällig nach dem Zersägen
in Taubenumsichwerflaune ist.

Ein frisches Wunder.
Alle geben Geld, damit es
länger hält. Doch am nächsten
Morgen ist es Lüge oder
vergessen: Menschen,
Lippen, Wildnis, Stab.

Steinberg, Kupferschrott (2011-2014)

Empfang

Gestrüpp, Steine, Stachelbeeren,
das Abflussrohr der Chemiefabrik.
Schauen, Forschen, Hocken vor Pfützen.
Kaulquappen, Regenwürmer,
Handvoll Leben. Atem, Sonne, Wind.

Rennen, Verstecken. Liegen im Feld.
Wolkenwand, Drachen. Steigen, steigen,
himmelunendlich, ein großer Stern.

Löcher, Höhlen, Tunnel.
Wer ist die Erde, die Kinder trägt?
Das Bis-hier-darf-ich-gehen,
das Um-sechs-musst-du-rein.

Baumkronen, Harzgeruch,
Barfußgehen: Asphalt, Gras.
Spätsommer, Riesenheuschrecke,
wie ein Wunder bestaunt, -
Afrika grüßt, grenzenlose Welt.

Holthausener Barock

Der Dicke Feldhoff, Spediteur
von Sand, Kies und Futterrüben,
trug die Zigarren im Mundwinkel
und hatte Mühe beim Wenden seiner Lastwagen,
denn das Lenkrad schleifte am Bauch.
Schwitzend und zu wippender Zigarre
drehten die fleischigen Hände das Rad.

Am Haus vorbei ging der Lange Lötsch,
Karnevalsheld der beginnenden siebziger Jahre,
und trug wie alle dabei
mit Anstand, doch ohne Haltung
die Tasche von der Schicht nach Haus,
mit dem halben Brot, der Thermoskanne
und der Zeitung drin, groß von Statur,
schaukelnd, doch nur durch den Namen
überragte er alle.

Die Hertelskinder bewohnten ein Haus
mit Hof und Bäumen davor.
Der Älteste war unser Chef,
ihm waren wir wohlgefällig.
Wir standen vor dem großen Baum
und rührten uns nicht, denn er
warf nach uns mit der Axt - und zielte immer gut,
weil er der Chef war. Daneben das Feld,
Schauplatz für Wettbewerbe im Luftanhalten
und Kirschkernweitspucken, mit reifenden
Stachelbeeren, Kirschen, Johannisbeeren.

Wenn Stefan mit seiner Mutter sprach,
war es komisch anzusehen:
Sie war taub, und von der Straße her
zum Fenster sandte Stefan ihr
die Segnungen der Gebärdensprache.

Mit überdimensionalen Grimassen
- gigantisches Ausmaß hatten die gestülpten Lippen,
mächtig rollten die Augen -,
ging er zu Werk; und die Mutter
verstand jedes Wort.

Der traurige Herr Fella
saß nachmittags am Fenster
und sah den Kollegen von Tor zwei
beim Nachhausegehn zu.
Er blieb immer zu Haus,
denn er konnte nicht mehr mit -
mit Muskelschwund, der die Arme
zu Kinderärmchen machte.
Deshalb schrie er am Sonntag
und schlug Frau und Kinder mit letzter Kraft,
denn niemand hätte sonst gemerkt,
er war noch da.

Und wer hielt das Ganze am Leben?
Die Hausfrauenmütterriege der Damen
Sobitzkat, Franetzki, Fella und Mros - dick,
mit Schürzen über Bauch und Busen,
rauen Händen, auf die der Putzplan
keine Rücksicht nahm, - und sicherlich verwirrt,
so plötzlich in einem Gedicht zu stehen.
Sie hätten sonst wenigstens
die Lockenwickler aus dem Haar genommen
oder noch schnell die Schürze gewechselt.

Legokiste Winter 73

Kratz, rausch,
wühlen, graben,
ergeben dem
Rotsteinblick.

Achter schreit,
Ziegel geigt
in Welle,
Beben, Griff.

Hart,
Plastik,
Mahlzeit.

Auto, Straße, Haus.
Alles Leben
mit acht.

Österreich, als Kind

Erde, Grasfrosch,
am Kieselbach
die Tauchstelle vom
Lederhosenbub.

Nacht. Stampfendes
Tanzen, Schreie und
Jodeln am Berg.

Tag. Trinken
vom Brunnen.
Lichtwasser
im Jungen.

Vater, wortlos
leidend am
Glück - *und*
spring noch
vom Berg.

Familie mit Tod.
Berge, die Glauben
versetzen.

Neu beginnen,
wo, wenn nicht
hier? - die Luft, das
Panorama, die
Urlaubsbräune.

70er, Sonntagvormittag

Glasschrank.
Flaschen gedrängt:
Likör, Whiskey, Korn.

Trink.
Geräusch.
Trink.

Junge, sich
unbekannt, schluckt
Vater im
Glas.

Applaus: Bruder,
zusehend,
rufend,
schlafend.

September 74

Junge in Bauwagen,
das Schloss geknackt.
Zerstörung,
Flutwelle steigt
von innen.

Seife, Rasierer,
Zigarettenkippen,
Fotos im Spint.
Männerspuren, jetzt
zertritt er sie, damit
sie ihm gehören.

Will sie
rückwärts gehen
zum Ursprung
ihres Seins.

Der Selbstverständlichkeit
zu sein -
Bauarbeiter sein,
waschen, rasieren, rauchen -,
und bleiben, aus
irgendeinem
Grund.

Abbruchhaus

Treppe zerfallen,
Tapetenrest.
Stille im Regenrohr,
Licht in zerbrochenem Glas.

Junge in Sicherheit,
wo niemand schaut,
haut, wägt, schiebt.

Fensterskelett,
Steinberg,
Kupferschrott.

Stundenzuhaus.

Lakritz essen.
Atmen. Schauen.
Atmen.

Milder
ausgelebter
Raum.

Martin als Kind

Mein Berg, bebend,
zuckend, Gesichts-
züge entgleist, irgend-
wo falsch gepolt in
der Elektrik.

Körper in eifrigstem
Nichtstun, redend, un-
geschlagen im Wettkampf-
sport Nasebohren.

Schwere, ersehnt.
Schutzwall, mein
Retter. Essend, dass
ich dünn sein kann.

Feldhoff, Spediteur

Mann sein, Laster fahren,
schweigend, blinkend im
Diesellied. Takt der Gezeiten:
Rüben nach Gelsenkirchen,
Kies nach Neuss, Rückfahrt
laden: Sand ins Werstener Feld.

Anbeißen die Fehlfarben,
Spitze wegspucken, Feuer
geben. Rauch blasen, atmen,
warten, schnaufen im Diesellied.

Feierabend haben, Hände
waschen mit Waschpulver
statt Seife. Schwarze Brühe,
Abfluss, weg.

Abend, Essen, eine dicke
Frau haben, Kinder, Speck,
Leberwurst. Reden mit
Kraft: *Geesse heim*
Jung, biss ballt.

Alles. Immer. Hier (2009-2015)

Empfang 2

Wieder empfangen von
Stachelbeeren, Gestrüpp,
Kirschbaum, Feld.

Wieder kleine Jungen,
unterwegs in Sprache und
Wald. Lehm, Stein, Sand,
schneckenhausbesäht.
Tomatengurkenzuchhinisymphonie.

Kreditnehmer am Berg-
observatorium. Warten auf
Korona, Weißzwerg, jede
Menge brauner Riesen.

Hier: ein Paradieschen,
scharf im Salat. Kresse,
Minze, Lauch. Löwen-
reiter, Grüntal, weitsichtig,
wolkennah, erdhimmelweit.

Vom Heckenschneider mit
Ritschratschmäher der
Grasnarbe ein Vokuhila.

Fee säht Blumen.
Holzhaus im Wind.
Vögel-, Eidechsen-, Mausjägerin.
Fadenscheinig, fein-
stoffliche Macht:
betende Pferde

Frühlingslied

Herbei gerannt, wenn
seine Durchlaucht kommt.
Sehen, staunen, Spalier
gestanden. Das Beben,
Funkeln, als Sonne
die Krone haut.

Besingen, beginnen,
keimen, reimen, ver-
schlingen, gelingen.

Herr König aus Licht,
sein Tross aus
Pfützen, Blüten,
vögelnden Vögeln.

Spuren in Boden und
Ohr. Rufende Kinder -
die Blicke, der Eifer im
Abzählreim: Schneise
von Glück.

Hinterher schauen:
ein Mann, ein Wort, ziel-
sicher gehend, lachend,
umarmend Berg, Wind,
Tiefsee, Wald.

Katze Krischna 2

Ganz für mich inleine gefunden:
vierjährig, Gummistiefel, dreckige Hosen,
Taschen voller Regenwürmer,
Kätzchen im Arm.

Kann nicht anders als
schauen, schauen auf ein
Knäuel mit Krallen. Doch Kätzchen
darf nicht bleiben. Hab doch Asthma,
wird gesagt, dabei ist nichts
klarer als: Es ist Familienallergie.

Dreißig Jahre später: verzückt, beglückt,
lache, krieche, schimpfe, liebkose.
Ein Wunder in Pelz. Schaue und kann nicht
anders: Ein Truthahnfresser macht mein Leben besser,
Löwin aus Liliput, Wischmopp und Kleinzahncharmeur.

Was Katze braucht: Vitamine, Proteine,
gute Miene. Verstecken im Schrank, Kratzen.
Putzen und Haare, überall Haare: graue Haare,
weiße Haare, Schnurrbarthaare, Haare,
Krischna, Haare, Haare.

Was wir sprechen: komm, na spring, und
beißen, beißen. Feldhase, Küchenrastelli.
Katze schläft. Katze frisst mit geschlossenen Augen.
Katze zeigt, was ihr gefällt. Katze schreit
wie Orang Utan.

Mag nicht: geschlossene Türen, Staubsauger.
Mag: sitzen am Fenster, Pfoten gefaltet,
Zeit verbraten und guckt den Abend an.
Am Kaminsofa: näher, näher heran.
Zu mir, auf mir, Gesicht an Gesicht,

Pfoten um Hals. Schaukeln
auf dem Atem. Schnurren,
Augen geschlossen.
Freundin, Tier.

Pankok

Unerhörtes bei
sich Sein und
bei Erde, Dorf,
Baum, Gesicht.

Und vergisst
die Namen Mond,
Wind, Stern, Licht.

Wischt, zieht,
schabt sacht,

gemeinsam mit
allen Wesen

erwacht.

Konrad und Ludwig

Schillerkäfer, Raupen sehen.
Hornissenbewunderer, dem
Weltall ergeben.

Lachen, Lieben, Zanken.
Leuchtauge, Lockenmann.

Fließen, bleiben,
singen, sein. Barfuß
mit sieben und neun.

Fresser schlingt

Pistazien, Tomazien,
Käsebrot, Bier.
Gummibär, mango-
süßes Konfekt.

Sportwettkampf:
neunzig Minuten mit *(chchch...)*
högschder *(chchch...)*
Konnsänndratzion!

Rockmusik in
schwindelndem Beat.
Hundert Wahrheiten
durchzappt.

Ein Uhr achtundzwanzig
die Sendung im BR: George
Harrison und seine indischen Freunde.

Stechend
der Hunger
nach my sweet Lord.
Halleluja.

Raucher, April 12

Vogel baut Nest,
fliegende Kugel,
Waghalspilot,
blauweiß und weg.

Mann im Wind
hängt matt
in Coiba
Fieba.

Kirschrotes Leuchten,
Jungengesicht
am Endlos-
zusammen-
hang.

Nachmittag eine
rollende Kugel,
Wurfpfeil,
Windpferd.

Flatterbauch.
Denken verdrillt,
Halt vergeigt
im Qualm
von Maduro.

Vier Côte d'Azur-Gedichte

Le Dramont, Côte d'Azur 12

1.
Sitzen, atmen, Schiffe sehen. Hirnmaschine rennt. Reg dich
ab, lass dich los! Das Leben geht doch wie immer: die Jungs
suchen Muscheln, die Frau Gott, du angelst Worte, alles
Mögliche beißt. Wimmeln um den Haken, große, kleine
Fische. Gestern der Hammer: Hinfahrt, die alte Moustaki
Platte im Auto, kann nicht anders und heule ohne Ende.
Alle alten Träume. Wie Frankreich geleuchtet hat! Liebe,
Leben, Gesang. Was draus geworden ist. Gute Schritte,
Irrwege, Zögern, die Gier zu laufen, Leben zu fressen, zu
rennen bis hierher. Hast ja Recht, Rechter. Wenn ich mein
Fuß wäre, ich würde auch schmerzen.
2.
So eine Mitte zwischen sprinten und schleichen, ein Gleich-
maß, das wär's. Nur sein, im rechten Moment für die Liebe.
Junge, du liebst zu wenig! Nicht verboten zu lachen, zu
fließen, zu spinnen. Spar dich nicht auf für irgendwann.
Nicht abfotografieren, was du liebst, um es später zu be-
trachten. Dann ist's zu spät. *Il est trop tard.*
3.
Glück: Klicken der Kamera, Tasse Wasser, Moment des
Trinkens. Begeistert für irgendwas, das Meer, lachende,
weinende Menschen, egal, was. Lebe, und die Dinge erzäh-
len vom Leben. Sei Freund deiner Schwimmflosse, von
Wellen, Wind, liebender Vater, Geliebter von Brischit. *Et
nous prendrons le temps de vivre, d'être libre, mon amour.*
4.
Nachts aufs Klo gehen, singend das Lob der weit entfernten
Campingtoilette. La lune, die Mondin, überm Meer, voll und
schön. Gold auf schwarzer See. Duft des Feigenbaums,
Stille, Echovogel schweigt. Kassiopeia und großer Wagen
am himmlischen Parkplatz. Spuren des Tags: Luftmatratzen,
Flaschen, Strohhut am Zelt. Kühle, Menschen im Schlaf.

5.
Sehen: Sonne auf Wasser; aufblitzend: Fischflanke im See-
gras, blau und rot. Kiefernwuchs, Watscheln des Sohnes in
gelben Taucherflossen. Sieh den Menschen in die Augen,
nicht starren, einfach schauen. Sieh in Menschen durch die
Augen, nicht scharf stellen den Blick, nur da sein, die See-
lenfenster geöffnet. *Sans projets et sans habitude.*
6.
Erwacht, gemeinsam mit allen Wesen. Erwacht zu allen
Wesen. Zum Wesen Aller erwacht.
7.
Müdigkeit des langen Schlafs, des Weins, Spielens am
Abend, der Liebe in der Nacht. Morgenbad im Meer, Salz-
geschmack, delphinisches Jauchzen. Der Maler malt, wildlo-
ckig, großäugig, Wasser, Insel, Himmel. Père et fils. Wie das
Bild entsteht, fließend, langsam. O Gott der Zeit, hilf mir zu
Gelassenheit, zu singen wie Meer, Bäume, Wind.
8.
Es ist frei. Es tut nicht weh. Es ist leicht, es reicht aus, es
lässt sich tragen.
9.
Ruhige See. Blicke abwärts. Liebliches Ufer, schwarzer Ab-
grund. Schwimmen, treiben, tauchen. Schauen, aushalten,
spüren. Was es ist: außen und innen, unendlich vielleicht.
Bedrohung, Auflösung, Wandel. Ewig vielleicht. Kraft, Lie-
be. Liebe vielleicht.
10.
Sommer thront, weite Poren. Sommer dröhnt, weite Ohren.
Satt, genug, groß, reifend und reif. Schiffe, Pinien, Korkei-
chenschatten. Menschen. Leben. Sein.
Hitze, Duft. Prächtige Fülle.

Parking Leclerc, Saint-Raphaël

Hitze in Müllgeruch.
Benzinluft, ins Auto drängend.
Harfenklang. Der Bass von
Felix Leclerc: *regarde dans la rue,*
le printemps est venu.

Was mich erreicht: Musik,
Aprikosenleuchten im Kofferraum,
le miel des Maures,
Schönheit von Menschen,
Geschmack des Meeres,
Tiefe, Abgrund,
dort, in mir.

Was einsam bleibt:
Sehnen, Furcht um mein Leben,
Sog und Hunger nach mehr,
Meer und sich Auflösen darin,
der Schrecken, die Angst,
es geschähe.

Wunder der Oberfläche.
Dies ist Fülle, das ist Fülle.
Alles hier. Sehen, hinschauen -
nur lange genug! Mein Mantra:
Alles. Immer. Hier.

Nachtschnorcheln

Dunkelkühl,
Trüblicht in
Nachtland-
schaft, fließt
seegrasbärtig, trägt,
hält, spannt.

Hinab in
Felsspalt, braun,
schwarz bald, See-
gurke, Blinken,
schlafende
Fische.

Hinauf luft-
leicht, seh
Stern, oben,
unten Licht-
meer, Himmel.

Riesenhöhle
Nacht.

Home to Paris (für Christine)

Sax und Posaune
hinaus aufs Meer. Fliegt,
schlägt, rührt
Milchstraße zu
Pudding mit Sternchen.

Terzenselig und
slowfox und schnell
auf Steinstrand, aufs
Wasser hauend der
Franzos, - was Ska aus
Menschen macht.

Tanzbein
hüftunten-
durch.

Musik gehört
sich selber, wir
einander, Geliebte,
und allem.

Für Christine

Wenn ein Engel dich meint,
sag nicht Nein.
Wenn ein Auge dich freut,
sag nicht Nein.

Spielt die Flöte für dich,
- sie spielt immer für dich -,
hör und nimm sie
zu dir.

Diese Blume ist dein,
Farbe und Duft
für dein Glück.

INHALT

Gedichte: eingeschmissene Fensterscheiben (1992-1994)

KA-YX, KA-EU, KA-EU! (1990-1992)

Steinberg, Kupferschrott (2011-2014)

Alles. Immer. Hier (2009-2015)

Foto: privat

Markus Lemke, geb. 1965, lebt als freischaffender Konzert-
sänger, Sprecher, Gesang-, Sprechlehrer und Gestaltthera-
peut mit seiner Familie in der Nähe von Heidelberg. Er hat
in verschiedenen Anthologien und der Süddeutschen Zei-
tung veröffentlicht. Als Musiker und Sprecher gestaltet er
schreibend Rhythmus, Melodie und Klangfarbe. Als Thera-
peut sieht und beschreibt er Wirklichkeiten auf und unter der
Oberfläche. Ihn beschäftigen die Themen Wahrnehmung
(körperlich, gefühlsmäßig, intellektuell), Kontakt (zu sich,
dem Anderen, der Welt) und alle Facetten von Identität. Er
spielt mit Klang und Sinn, mit der Form des Gedichtes
selbst. Sein Schreiben geschieht leicht und ungeplant, mal in
traditioneller Form, mal experimentell. Seine Texte über
Menschen, Tiere, Dinge, Geschehnisse, Erinnerungen im
Fluss des Lebens, sind gleichermaßen Hör-, wie Lesestücke -
subjektiv, staunend, heiter, ernst.

www.markuslemke.de

 tredition®

Über tredition

EIN EIGENES BUCH VERÖFFENTLICHEN

tredition wurde 2006 in Hamburg gegründet. Seitdem hat tredition mehrere tausend Buchtitel veröffentlicht. Autoren veröffentlichen in wenigen leichten Schritten gedruckte Bücher, e-Books und audio-Books. tredition hat das Ziel, die beste und fairste Veröffentlichungsmöglichkeit für Autoren zu bieten.

tredition wurde mit der Erkenntnis gegründet, dass nur etwa jedes 200. bei Verlagen eingereichte Manuskript veröffentlicht wird. Dabei hat jedes Buch seinen Markt, also seine Leser. tredition sorgt dafür, dass für jedes Buch die Leserschaft auch erreicht wird.

Im einzigartigen Literatur-Netzwerk von tredition bieten zahlreiche Literatur-Partner (das sind Lektoren, Übersetzer, Hörbuchsprecher und Illustratoren) ihre Dienstleistung an, um Manuskripte zu verbessern oder die Vielfalt zu erhöhen. Autoren vereinbaren direkt mit den Literatur-Partnern die Konditionen ihrer Zusammenarbeit und partizipieren gemeinsam am Erfolg des Buches.

Das gesamte Verlagsprogramm von tredition ist bei allen stationären Buchhandlungen und Online-Buchhändlern wie z. B. Amazon erhältlich. e-Books stehen bei den führenden Online-Portalen (z. B. iBookstore von Apple oder Kindle von Amazon) zum Verkauf.

Jetzt ein Buch veröffentlichen: **www.tredition.de**

EINE BUCHREIHE ODER VERLAG GRÜNDEN

Seit 2009 bietet tredition sein Verlagskonzept auch als sogenanntes "White-Label" an. Das bedeutet, dass andere Personen oder Institutionen risikofrei und unkompliziert selbst zum Herausgeber von Büchern und Buchreihen unter eigener Marke werden können. tredition übernimmt dabei das komplette Herstellungs- und Distributionsrisiko.

Zahlreiche Zeitschriften-, Zeitungs- und Buchverlage, Universitäten, Forschungseinrichtungen, u.v.m. nutzen diese Dienstleistung von tredition, um unter eigener Marke ohne Risiko Bücher zu verlegen.

Alle Informationen im Internet: **www.tredition.de/Buchverlage**

tredition wurde mit mehreren Innovationspreisen ausgezeichnet, u. a. Webfuture Award und Innovationspreis der Buch-Digitale.

tredition ist Mitglied im Börsenverein des Deutschen Buchhandels.

Zeitfracht Medien GmbH
Ferdinand-Jühlke-Straße 7
99095 Erfurt, Deutschland
produktsicherheit@kolibri360.de